DE L'USAGE

A FAIRE

DE L'AUTORITÉ PUBLIQUE

DANS

LES CIRCONSTANCES PRÉSENTES,

PAR RŒDERER.

EXTRAIT corrigé et augmenté des N.ᵒˢ XXVII, XXVIII et XXIX du Journal D'ÉCONOMIE PUBLIQUE.

SUIVI

D'UN TRAITÉ DE L'ÉMIGRATION.

A PARIS,

DE L'IMPRIMERIE DU JOURNAL D'ÉCONOMIE PUBLIQUE, DE MORALE ET DE POLITIQUE, rue de Buffault, n.º 499.

SE VEND

Chez DESENNE, libraire au Palais Egalité.

PRAIRIAL, AN V. — JUIN, 1797.

DE L'USAGE

A FAIRE

DE L'AUTORITÉ PUBLIQUE

DANS

LES CIRCONSTANCES PRÉSENTES.

CHAPITRE I.

BUT de cet Ouvrage et division du sujet.

PREMIERS jours de prairial, jours qui nous rappelez les derniers crimes de l'anarchie, et la première victoire remportée sur elle par la liberté, jours où la France donne de nouveaux gages de son attachement à sa constitution, jours qui allez éclairer les triomphes de nos armées, et nos premières jouissances de paix, jours de repos, d'espérances et de bonheur, jours si inquiètement attendus, si hâtés par l'impatience publique; nous voulons vous célébrer par un tribut de notre zèle envers la patrie, par nos vœux et par nos vues pour l'affermissement, la prospérité, l'honneur de la république.

La constitution a vaincu ses ennemis ; il faut maintenant qu'elle se les attache. Ce n'est point assez qu'ils soient soumis ; il est nécessaire qu'ils soient affectionnés. Il ne suffit pas qu'ils soient hors d'état de lui nuire ; elle a besoin de leur service. Les constitutions dominatrices, ne demandent que l'obéissance ; les constitutions qui assurent la liberté ont besoin d'amour : parce que la liberté de la haine, ramène ou conduit bientôt à la liberté des offenses et des attaques.

Nous nous proposons de considérer trois choses dans cet ouvrage.

La première, les moyens qui s'offrent en ce moment pour attacher les esprits à la république.

La seconde, l'intérêt que les législateurs et les gouvernans ont de saisir et d'employer promptement ces moyens.

La troisième, les obstacles que pourront mettre à leurs succès, quelques ambitions personnelles, et les moyens d'aplanir ces obstacles.

CHAPITRE II.

MOYENS d'attacher les esprits à la Constitution.

LES esprits se gagnent par le concours de
quatre moyens principaux :

L'intérêt ;

L'opinion ;

Les mœurs ;

La mode.

L'intérêt est le principal lien des esprits. Il
n'est pas sans exemple que les hommes con-
tractent des engagemens contraires à leur intérêt ; mais la déception, l'enthousiasme, n'ont
qu'un temps ; l'intérêt blessé réclame sans cesse,
et parvient tôt ou tard à se faire entendre.
D'ailleurs l'enthousiasme est plus facile à exciter
en faveur de l'intérêt que contre lui.

L'opinion ne suit pas toujours l'intérêt ; mais
elle s'y conforme d'ordinaire, et s'y ramène aisément. Il n'est pas sans exemple que la multitude
déclare nuisible ce qui est utile, utile ce qui
est nuisible ; mais il est plus facile encore de
l'éclairer que de l'égarer.

Les mœurs et la mode sont encore plus aisément tournées contre l'intérêt bien entendu , et se ramènent plus difficilement que l'opinion ; mais si l'opinion s'éclaire par la communication des pensées , les mœurs se rectifient et les modes se soumettent par les institutions.

En un mot , le grand point pour les institutions politiques , c'est qu'elles ayent pour elles l'intérêt général , et qu'elles n'ayent pas contre elles une certaine masse d'intérêts particuliers très-actifs de leur nature , et très-influens par la nature des personnes auxquelles ils touchent. Ayant l'intérêt pour elles , il est facile d'y ployer l'opinion , les mœurs et la mode. Sans accord avec l'intérêt, la mode, les mœurs et l'opinion n'ont rien de fixe : elles peuvent réussir à de grands bouleversemens, mais non à l'établissement d'un ordre de choses permanent. Mais c'est trop peser sur ces notions qui portent leur évidence avec elles. Voyons successivement ce qu'il convient de faire en ce moment pour imposer à l'intérêt personnel , à l'opinion, aux mœurs , à la mode un tribut envers la constitution républicaine.

CHAPITRE III.

Q u e la Constitution est en elle - même conforme aux intérêts du grand nombre.

E n soi, la constitution est conforme aux intérêts principaux des citoyens, puisqu'elle garantit la liberté et la propriété. Les gens du plus de mauvaise humeur sont forcés de convenir, que jamais ils ne se crurent plus assurés de leurs biens, et du libre exercice de leurs facultés. Ceux qui ont l'habitude de déclamer avec le plus de véhémence contre le gouvernement, consentent volontiers à avouer deux choses, quand on les a écoutés ; la première, c'est qu'ils n'auroient osé s'exprimer ainsi sous l'ancien régime ; la seconde, c'est que les maux dont ils font l'énumération, l'histoire, ou la peinture, proviennent de la terreur ou de la guerre, en un mot de la révolution et non pas de la constitution ; ils avouent même qu'on ne peut reprocher avec quelque raison à celle-ci de n'avoir pas encore réparé les désastres causés par la première. Qui n'a pas rencontré quelqu'un de ces énergumènes dont la bouche écumante laissoit échapper un sourire à la fin de leur harangue , et trahissoit ainsi leur feinte colère ?

Le gouvernement a donné sans doute plus d'un sujet d'allarmes. Il a autorisé des opérations ruineuses pour subvenir à des dépenses sans mesure. Il a mis en place dans toutes les administrations des hommes indignes d'y être. Enfin il a entrepris sur le pouvoir judiciaire. Voilà les trois griefs qui s'élèvent contre lui. Aucun ne prouve contre la constitution.

Nous demanderons d'abord dans quel temps et dans quel pays , la guerre se fait sans déprédation ? En quel pays et dans quel temps il est plus coûteux de la faire, que là où l'état ne reçoit que du papier décrédité pour subvenir à ses dépenses ? Quels princes, quels généraux ont mieux su que les nôtres, depuis près de deux ans, faire vivre autant d'armées, sans solde, sur le pays ennemi ? Dans quelle constitutution les chambres ardentes poursuivent plus vivement les déprédateurs et les pillards, que le patriotisme éclairé et l'amour des lois ne le font chez nous, par l'organe de nos Camus, de nos Dupont de Nemours, de nos Barbé-Marbois ? Enfin dans quelle constitution on voit plus vîte, au premier bruit de paix, plus de dispositions faites pour l'ordre des finances et le rétablissement du crédit, qu'ici et en ce moment où d'excellens rapports des députés que nous venons de nommer, excitent l'émulation et provoquent le zèle de tous les citoyens éclairés ?

L'entreprise du directoire sur la cour de cassation est sans doute une faute capitale , qui ne peut demeurer sans réparation. Mais cet acte est le seul vraiment grave qu'on puisse reprocher au gouvernement. Il a pour excuse le grand embarras des circonstances , les mauvais conseils d'un mauvais ministre, la nouveauté de la constitution, et l'incertitude qui reste encore dans beaucoup d'esprits sur la nature et l'essence du pouvoir judiciaire : objet moins débattu qu'aucun autre dans les discussions constitutionnelles qui ont eu lieu depuis six ans, et sur lequel le conseil des 500 s'est montré aussi peu éclairé que le directoire ; d'ailleurs cette faute , il est encore possible , il est plus facile que jamais de la réparer ; et le directoire ne sera véritablement condamnable que quand il se sera montré sourd aux dernières représentations qui lui seront faites, et indifférent aux circonstances qui favorisent son retour aux principes. Enfin dans le cas même où il s'obstineroit à les méconnoître, la faute des gouvernans ne seroit point celle de la constitution ; car alors la constitution réclameroit elle-même la punition du ministre de la justice, et l'opinion sauroit bien empêcher celui-ci de s'y soustraire.

A l'égard des mauvais choix qui ont mis en

place des hommes odieux , le directoire ne peut s'en excuser que sur les circonstances de sa formation qui l'ont investi de cette espèce de gens, et ont éloigné de lui les honnêtes citoyens. Mais la constitution n'est point complice de ces choix, car elle ne l'est point de la formation du directoire ; elle n'est point coupable non plus de la patience du directoire même, pour les hommes dangereux que le hazard a fait pousser aux places, car l'intérêt du pouvoir qu'elle a remis aux gouvernans, leur fait sentir à tout instant qu'ils ont besoin de respect et de confiance, et qu'il n'y a d'obéissance facile et durable qu'à ce prix.

Il n'est qu'un très-petit nombre de mauvaises nominations, que la constitution nécessite ou du moins favorise. Ces mauvaises nominations sont celles des montagnards du corps législatif, à mesure qu'ils en sortent. On se récrie beaucoup contre plusieurs qui ont eu lieu récemment, pour des places assez importantes. Pour nous, nous dirons simplement qu'elles étoient nécessaires ; qu'au reste qu'elles ne concluent rien pour l'avenir, et qu'elles ne sont qu'un mal passager et un dernier accident de la révolution.

Elles étoient nécessaires, parce que le directoire avoit besoin de saisir cette occasion de montrer aux députés qu'il peut et veut reconnoître leurs ménagemens et leurs égards.

Il faut le dire sans détour. La faculté que le directoire a de nommer aux emplois les membres sortans de la législature, est un ressort caché, mais un ressort puissant et nécessaire de la constitution française. C'est le principal moyen de sûreté du gouvernement, c'est même le principal moyen d'union entre les deux pouvoirs ; sans être néanmoins pour le pouvoir exécutif un moyen de corrompre et d'asservir le pouvoir législatif, comme le seroit une forte liste civile, car on ne corrompt pas avec les places, comme avec l'argent.

Un gouvernement achète bien et tout entier l'homme cupide qu'il peut payer en argent, parce ce que celui-ci espère que le marché sera secret. Au lieu qu'on obtient difficilement de celui à qui on ne peut promettre qu'une reconnoissance publique, de faire autre chose que se prêter, et avec réserve, et même avec décence. Celui qui n'a qu'une place à attendre pour prix de ses ménagemens ou de son zèle, veut l'avoir obtenue de l'opinion, en même-temps que de l'autorité, celle-ci ne pouvant rien faire qu'en présence et sous le contrôle de l'autre. Ajoutons que le parti indépendant, et même le parti de l'opposition, (qu'il ne faut pas confondre avec le parti indépendant, *l'opposition* étant souvent plus intéressée que le parti dit *ministériel*,) exercent sur les propositions contraires au bien public une censure si forte, si vive, qui provoque si puissamment l'opinion publique, que le parti du gouvernement est toujours obligé de les abandonner, souvent même réduit à n'oser les défendre, et qu'il n'a de force que pour résister aux attaques injustes ou aux propositions funestes.

Ces ingrédiens de notre politique actuelle pourront un jour paroître méprisables à la politique perfectionnée. Mais quant à présent, il est présumable que l'ignorance ou la passion seules entreprendront d'en faire la critique, à l'aide de quelques lieux communs de morale privée. Elles critiqueront ceux-ci non pas pour offrir mieux, mais par l'impuissance de voir ce qu'il y a de bien en eux.

La nomination des députés aux emplois départis par le gouvernement étant donc un ressort de la constitution, jamais il ne pouvoit être plus à propos de le faire jouer, qu'à l'époque présente où le gouvernement naît, où il importe de fixer les idées sur ses droits et sur ses moyens, et où il peut encore s'élever dans quelques esprits des idées hostiles contre lesquelles la prudence lui conseille de se prémunir.

J'ai dit qu'au reste les nominations résultantes de cet intérêt du directoire, n'étoient qu'accidentellement mauvaises. En effet, pourquoi le sont-elles ? c'est parce que deux tiers de la convention sont prorogés dans le corps législatif ; c'est parce que le gouvernement a aujourd'hui à payer la dette de la révolution, au lieu qu'à la suite il n'aura plus à payer que celle de la constitution, à ceux qui en auront été les honorables défenseurs. Enfin, c'est parce que le directoire doit lui-même son existence à une nomination qui n'aura plus sa pareille, et à des circonstances qui ne peuvent se reproduire.

CHAPITRE IV.

QUELLES institutions accidentelles peuvent en ce moment blesser les intérêts généraux, ou les intérêts de quelques classes de personnes influentes sur l'opinion.

LA constitution n'ayant donc manifesté jusqu'à ce moment aucun vice contraire aux intérêts du grand nombre, il reste à rechercher quelles institutions peuvent les blesser, et en offenser quelques-uns qui, sans être généraux, sont cependant communs à quelque classe assez étendue de particuliers influens sur l'opinion.

Nous croyons voir des causes de mécontentement, dans l'administration d'une part, dans plusieurs lois civiles de l'autre. La justice des lois, la pureté de l'administration : voilà donc les moyens de gagner les intérêts à la constitution.

Parlons séparément de ces deux objets.

CHAPITRE V.

DES Lois civiles ou révolutionnnaires contraires à des intérêts importans.

LES lois qu'il me semble le plus pressant de soumettre à l'éxamen de la justice, sont celles qui concernent :

1º. L'évaluation et l'acquittement des engagemens pécuniaires contractés avant et pendant le cours du papier-monnoie.

2º. Le culte.

3º. Les émigrés.

Nous ne parlons pas de la révision des lois du divorce, comme d'un objet pressant. L'état présent de l'opinion ne permet pas d'en craindre l'abus.

Les lois proposées sur les engagemens pécuniaires, sont faites sans règle et sans principes. Nous renvoyons sur ce sujet aux discussions imprimées dans nos numéros 12 et 13.

Voyons donc les lois qui concernent le culte et les émigrés.

CHAPITRE VI.

DES *Lois révolutionnaires concernant le Culte.*

Si les lois relatives aux cultes se réduisoient, comme il l'auroit fallu, à l'article constitutionnel qui garantit la liberté de tous, il n'y auroit rien à faire aujourd'hui, si ce n'est d'en assurer l'exécution. Mais il y a eu des lois de proscription contre tous les cultes établis en France, et sur-tout contre les ministres du culte catholique; ces lois il faut les rapporter. Entre ces lois sont comprises celles qui ont dépouillé les églises, temples et synagogues de leur mobilier. Les fonds ecclésiastiques appartenoient à l'état, même les meubles des monastères. Mais le mobilier *du culte*, appartenoit à tous les souscripteurs de ce culte : il faut le restituer. Il le faut, non pas pièce pour pièce, non pas même valeur pour valeur ; mais en payant le prix de ce qui en est nécessaire ; et par une disposition générale applicable à tout ce qui constituoit une paroisse. Ce seroit une foible dépense, et l'on peut espérer un retour de confiance de la part du peuple, pour cet hommage rendu, non à un culte particulier, mais à la propriété et à la liberté.

Ç'a été peut-être une grande imprudence commise par l'assemblée constituante, que d'avoir aliéné à la révolution le clergé de l'ancien régime; ç'en a été une plus grande encore d'avoir forcé le clergé constitutionnel, comme l'a fait la convention nationale, à se dégrader lui-même. Le temps nous apprendra si la liberté pouvoit se soutenir contre la malveillance et même sans l'appui du sacerdoce, ayant à se défendre d'un autre côté contre les habitudes nobiliaires et royalistes. Mais ce qui n'est pas douteux, c'est que son indépendance étoit desirable; c'est que d'ailleurs nous ne pourrions y renoncer maintenant sans nous remettre sous un joug de fer; c'est que recourant aujourd'hui à un culte dominant, ce ne seroit plus la liberté qu'il protégeroit contre le despotisme, mais le despotisme contre la liberté. Il nous faut donc courir avec courage les chances de cette indépendance, et seulement mettre un zèle prudent à modérer celles qui nous sont contraires. C'est dans cette vue autant que par motif de justice, que nous proposons la restitution ou l'indemnité du mobilier des églises; c'est pour fermer la bouche aux déclamateurs qui font retentir sans cesse les mots de spoliation du culte et de renversement des autels.

Ayant donné satisfaction au peuple et ôté tout prétexte de plaintes aux hypocrites, il n'y auroit plus qu'une chose à faire dans cette partie : ce seroit que les orateurs les plus accrédités du corps législatif déclarassent nécessaire de s'interdire, et interdîssent à la France entière, par l'autorité de leur raison, et sur-tout de leur exemple, de parler désormais de religion; sauf à en écrire dans des livres, et non dans des journaux ou des brochures. Il ne doit être question de cultes, hors les lieux qui y sont consacrés, que quand il y a oppression de l'un d'eux; alors les réclamations non-seulement peuvent être vives, mais elles doivent être générales, unanimes; l'oppression d'un culte qui n'a rien de contraire aux lois, n'est pas seulement la cause de ceux qui le pratiquent : c'est aussi celle de tous les cultes, celle de toutes les opinions, celle de la liberté. Mais hors ce cas, et sur-tout dans des temps d'agitation, le devoir des citoyens est le silence en matière de religion. Il faudroit que les députés accrédités amenassent l'opinion à traiter de perturbateur du repos public, celui qui mettroit un culte en opposition avec un autre, avec la philosophie, avec une législation indépendante des idées religieuses. C'est à l'autorité de la raison à exercer cette police, toujours impossible à l'autorité civile.

Elle est encore très-facile à exercer aujourd'hui, cette police; et le succès en seroit très-

probable. Regardez en effet les hommes qui se-
couent maintenant des brandons de guerre reli-
gieuse. Prenez les un à un ; et vous verrez des
écoliers sortis trop tôt de leur collège où ils
avoient besoin de recevoir encore quelques cor-
rections ; quelques fats surannés trop heureux
qu'il se rencontre une mode à laquelle leur âge ,
trop avancé pour des ridicules de toilette , leur
permette encore de sacrifier ; quelques moines dé-
hontés, défroqués , mariés , que la discipline ec-
clésiastique , si elle se rétablissoit, renfermeroit à
S. Lazare, et dont elle enverroit les malheureuses
femmes à la Salpêtrière ; enfin , des écrivains
qui , s'accusant aujourd'hui librement de cinquante années d'imposture et d'absurdité , sont
accusés bien plus hautement d'absurdité ou d'imposture actuelle, par leurs cinquante années
d'anciens travaux ; et qui , en s'attachant à flé-
trir leur gloire passée pour un peu d'importance
présente , ne parviennent à attacher à leur
existence dégradée que les mépris de leurs anciens amis , et les défiances de leurs nouveaux
alliés. Tels sont les nouveaux missionnaires dont
la voix se fait entendre chaque jour. Il n'y a
parmi eux ni un homme connu par une longue
piété, ni un homme honoré pour de hautes
vertus , ni même un homme de bonne foi , ni
même un vrai fanatique, ni même un habile
scélérat. Quand les lois oppressives des prêtres

et spoliatrices des autels seront révoquées, et que la justice sera satisfaite, un mot de mépris lancé sur ces modernes saints, qui ne sont pas disposés au martyr, lancé par un orateur honoré, au nom de la paix publique, les dissipera à l'instant :

Pulveris exigui jactu commota quiescent.

CHAPITRE VII.

DES Lois relatives aux Emigrés.

L A législation relative aux émigrés vient après celle qui concerne le culte. Il est urgent de prendre une résolution à leur égard. La paix va les chasser de l'Allemagne, ou plutôt du monde entier. Elle leur enlève tout-à-la-fois le pain et l'espérance de rentrer de vive force dans leur terre natale. Il est donc présumable qu'ils tâcheront d'y rentrer par la ruse. Condamnés partout à mourir, il est naturel qu'ils viennent risquer leur vie, là où il leur est encore le plus facile de la sauver, où il leur seroit doux d'en jouir, et où ils ne peuvent la mettre en sûreté sans recouvrer en même-temps leur fortune. Il faut donc se résoudre ou à changer les lois qui les concernent, ou à voir renouveller une horrible boucherie, ou à courir les risques attachés à une rentrée impunie.

Le renouvellement de la boucherie seroit l'effet de ces lois, et voilà pourquoi nous l'admettons ici dans l'alternative ; mais il est manifeste qu'il est impossible de fait. C'est le sort des lois atroces de tomber en désuétude, et des lois de guerre d'être abrogées par la paix. Il est temps de reconnoître que notre code de l'émigration est devenu un titre d'impunité, même de faveur, pour les plus coupables émigrés. Il est indigne de juges constitutionnels de constater une reconnoissance d'identité qui conduit, sans autre formalité, des hommes peut-être innocens à la mort. Reconnoître et constater qu'une telle personne est véritablement le condamné réclamé par le bourreau pour le supplice, sont des actes de geoliers de prisons et non des fonctions de magistrats. Il ne seroit donc pas étonnant que les tribunaux refusassent de les faire à l'avenir, et déclarassent qu'institués pour juger les citoyens suivant les formes constitutionnelles, ils entendent se renfermer dans ce devoir. D'un autre côté des parens, des amis, fussent-ils républicains rigides, se prêteront facilement à récéler des malheureux toujours en danger de mort. Peut-être même en est-il qui iront jusqu'à solliciter, acheter, fabriquer pour ceux-ci des titres frauduleux. On se persuade aisément que des manœuvres justement réputées infâmes lorsqu'il s'agit d'un intérêt personnel et non capital, cessent de l'être lorsqu'elles ont pour objet de sauver la vie d'un autre. Pour que la législation relative aux émigrés ait eu pendant une année son effet, il n'a pas fallu moins que le régime de la terreur. C'est donc à ceux qui les craignent et les détestent le plus, qu'il importe davantage de faire abolir la partie pénale de la législation qui les concerne.

Reste donc à voir ce qui résulteroit d'une impunité absolue; ce sera une analyse bientôt faite. Il en résulteroit une fabrication illimitée de faux certificats de résidence, de faux certificats de réclamation, peut-être de fausses ordonnances de radiation. Il en résulteroit un travail nouveau de l'opinion publique, de nouveaux bruits d'une prochaine contre-révolution, un systême de menace contre les tribunaux peu indulgens. Bientôt les possesseurs de domaines nationaux, les acquéreurs originaires et intermédiaires, s'inquièteroient. Dans nombre de communes rurales, ce sont les habitans qui ont acheté ces biens; leur allarme se communiqueroit aux armées. Il se répandroit que la trahison des tribunaux livre aux émigrés cette France d'où la valeur et le patriotisme les ont repoussés depuis six ans; et nous verrions renaître la guerre civile.

Les suites de l'inexécution des lois relatives à l'émigration, devant donc être la guerre civile, et celles de l'exécution de ces lois, une boucherie, il est évidemment nécessaire de changer la législation relative aux émigrés.

Mais quel changement convient-il d'y faire? Voilà ce qui mérite un sérieux examen.

Boissy d'Anglas a proposé le 8 floréal au con-

seil des 500, deux choses : la première , de décider que nul prévenu d'émigration ne pourroit
être jugé sur la simple reconnoissance d'identité;
la seconde, que tout prévenu seroit traduit devant un jury qui constateroit le fait de l'émigration. Cette motion a été rejettée , et a même
excité des défiances contre son auteur. Pour
nous, qui, d'après le passé, ne pouvons douter de
l'attachement de Boissy pour la république , et
qui dans le cas même où il paroîtroit se liguer
avec ses ennemis, dirions : *c'est eux qu'il
trompe et non pas nous , et c'est à eux à se
défier de lui* , nous croyons que le vice de sa motion, comme nous le lui avons dit à lui-même ,
vient de ce qu'il a été trop timide; nous n'y avons
vu que la juste horreur d'une exécution capitale , et la crainte d'être mal venu à demander
l'abolition de la peine de mort; nous rendrons
donc hommage à son intention.

Mais il n'est pas moins vrai que cette propo-
sition, telle qu'elle étoit rédigée, étoit très-dan-
gereuse, et que son adoption auroit pu produire d'affreuses conséquences. En effet, il auroit
suffi à l'émigré le plus notoirement ennemi de
la France, pour rentrer dans ses droits de citoyen et dans son bien, au prince de Condé
pour rentrer au palais Bourbon , au prétendant
pour rentrer au Luxembourg, que trois juges
gagnés , intimidés , ou royalistes, déclarassent

le fait de l'émigration douteux ou l'intention innocente ; de sorte que cette légion odieuse à
qui 14 armées républicaines ont fermé toutes
les entrées de la France pendant cinq années,
n'auroit plus eu à vaincre ou à corrompre
que trois jurés dans 80 tribunaux ! Cette idée
est révoltante.

Des hommes qui ont quitté leur pays pour lui
faire la guerre ; et qui l'ont faite cinq ans de
suite, sont une nation ennemie contre laquelle
on se bat et qu'on ne juge pas, avec laquelle
on traite suivant les lois de la guerre, et non
suivant les formes de la justice, avec lesquels
on peut faire la paix ou continuer un éternelle
guerre, suivant qu'on le trouve bon.

—Mais qui sont ces ennemis ? qu'elle connois-
sance a-t-on de leurs noms ? Quand un citoyen
sera accusé d'avoir fait partie de leur armée, où
en sera la preuve, qui la recevra ?

—La réponse est simple. Ces ennemis sont tous
ceux qui ne se sont pas trouvés en France à
deux époques où l'état a fait l'appel de tous ses
citoyens : savoir, au mois de février 1792, et
après le 9 thermidor, lorsque la convention a
admis les français persécutés depuis le 31 mai
1792 à réclamer contre leur inscription sur
la liste des émigrés.

La scission d'une partie de la nation d'avec
l'autre, n'a pas pu, n'a pas dû être cons-

talée par des procédures; mais par le dénombrement de ce qui restoit dans l'état, ensuite par un manifeste d'un côté, des réponses ou le silence de l'autre; et c'est ainsi qu'elle l'a été. Cette scission faite, la question de savoir si tel individu étoit du nombre des émigrés, ou n'en étoit pas, ne doit pas non plus se décider dans les formes judiciaires. Quand, en temps de guerre, on saisit dans un camp, un homme de la nation avec laquelle on est en guerre, on n'a pas besoin pour le traiter en ennemi, en espion, de prouver qu'il est l'un ou l'autre de fait et d'intention; il suffit qu'il ne puisse prouver qu'il est ami, il suffit qu'il soit du pays avec lequel on est en guerre. C'est quand il s'agit de punir un citoyen, qu'il faut prouver qu'il est coupable; ici il ne s'agit point de punir, mais de se préserver; il ne s'agit pas de coupable, mais d'ennemi. Les émigrés sont une nation sortie de la nation française, une nation étrangère, ennemie, avec laquelle la France ne veut pas faire la paix. Cette nation est composée de tous les français qui n'ont pas déclaré après la scission, qu'ils appartenoient à la France; tout individu de cette nation, saisi en France, est donc un ennemi pris dans le camp établi pour lui résister.

Voilà les principes. Ils paroissent durs; ils ne le sont pas. Ils défendent, il est vrai, les

scrupules de la justice réglée ; mais ils auto-
risent toutes les facilitées de la justice naturelle,
ils permettent le sacrifice des ressentimens et
l'oubli des offenses, ils permettent l'humanité, la
générosité, ce que ne permet pas la justice consti-
tuée. Il est des républicains éloignés aujourd'hui
d'une foiblesse qui pourroit nous réduire à demander grâce aux émigrés, et qui consentiront
volontiers à l'accorder un jour. Il n'est pas un
honnête homme en France, qui, en repoussant
la motion de Boissy-d'Anglas, ne lui rende
grâce d'avoir invoqué l'humanité en faveur d'ennemis vaincus et ne desire dès ce moment que
les lois qui les concernent, reçoivent tout l'a-
doucissement compatible avec la sûreté publique.

Ce que nous proposerions, s'il nous appartenoit
de proposer quelque vue sur ce sujet, seroit très-
simple et sans danger.

Ce seroit d'abolir la peine de mort pour l'in-
fraction du bannissement prononcé contre les
émigrés ; d'y substituer une année de fers après
laquelle l'accusé seroit reconduit sur la frontière ; et en cas de seconde rentrée, d'ordonner
la déportation.

Ainsi les Français inscrits sans réclamation
sur les listes formées en 1792 , et ceux inscrits
sur les listes de 1793 sans réclamation posté-
rieure au 9 thermidor et dans les délais de la

loi, qui seroient saisis, seroient enfermés un an et ensuite *exportés*, c'est-à-dire remis sur la frontière, sur une simple reconnoissance d'identité.

Les réclamans, attendu que le fait seul de leur réclamation efface en eux le caractère apparent d'émigré, seroient traduits par le directoire devant les tribunaux criminels et la preuve d'émigration seroit à sa charge; à leur égard donc la motion de Boissy - d'Anglas auroit son effet. Voilà à quoi se réduiroit toute la législation de cette partie *.

* Voyez à la suite de cet Ouvrage une esquisse d'un Traité de l'Emigration.

CHAPITRE VIII.

DES Contumaces.

IL nous reste cependant une observation importante à faire; c'est qu'il ne faut pas confondre les émigrés, ni même les fugitifs avec les contumaces. Tout français qui, à quelqu'époque que ce soit, a quitté la France, pour échapper à des poursuites de justice criminelle, peut y rentrer à la seule condition de se présenter au tribunal devant lequel il a été poursuivi. Le contumace n'a point affaire avec le directoire; il va droit à la justice. Le code de l'émigration ne le concerne point, c'est le code pénal et celui de la procédure criminelle qui doivent régler sa destinée.

Cette vérité découle de la constitution. L'article 13 porte que *l'exercice des droits de citoyens est suspendu, par un jugement de contumace, tant qu'il n'est pas anéanti.* Si l'exercice des droits de citoyen n'est *que suspendu* par le jugement de contumace, la contumace ne les détruit donc pas; *s'il n'est suspendu que pendant le temps où le jugement n'est pas anéanti,* il ne l'est donc que pendant le temps que dure l'absence de l'accusé, puisque sa présentation seule peut, selon la loi, anéantir le jugement de contumace. L'accusé contumace est donc libre de se représenter quand il veut reprendre l'exercice de ses droits de citoyen.

La constitution a supposé, et cette indulgence n'a rien d'excessif, qu'un citoyen est excusable de fuir devant une accusation capitale.

L'article 373, il est vrai, porte « qu'en aucun cas la nation française ne souffrira le retour des Français qui, ayant abandonné leur patrie, depuis le 5 juillet 1789, ne sont pas compris dans les exceptions portées aux lois rendues contre les émigrés; et elle interdit au corps législatif de créer de nouvelles exceptions sur ce point. » Mais il est manifeste que cette disposition ne déroge point à la précédente, 1.º parce qu'elle n'énonce pas une dérogation positive; 2.º parce qu'il s'agit évidemment de deux faits absolument différens dans les deux articles : l'émigration et la contumace; et que le législateur a voulu montrer autant de faveur à celui qui vient se soumettre à la justice qu'il a d'abord redoutée, que d'éloignement pour celui qui, s'étant déclaré ennemi de sa patrie, n'est présumé vouloir y rentrer que dans le dessein de lui nuire. Concluons donc que les contumaces n'ont rien de commun avec les émigrés, et n'ont rien à craindre des lois qui concernent ceux - ci.

La loi pourroit surabondamment le déclarer.

Qu'aux amendemens dont nous avons parlé , on ajoute un article qui ordonne la clôture des listes d'émigration , et la justice sera satisfaite , et une foule de familles inquiètes seront rendues à la tranquillité , et la nation saura une bonne fois quels biens sont à elle , quels autres sont à des prévenus innocens ; et ceux qui restent à vendre , se vendront mieux ; et enfin ceux qui sont bien vendus seront cultivés avec plus d'assurance et de profit.

Telles sont nos principales idées sur les lois à faire ou à réformer pour concilier à la république les intérêts particuliers qui peuvent lui être contraires.

CHAPITRE IX.

Moyens d'établir une bonne Administration.

Nous avons parlé des principales lois à faire ou à réformer pour concilier à la république les intérêts qui peuvent lui être contraires ; voyons maintenant les moyens d'assurer une bonne administration qui garantisse l'exécution de lois conformes à l'intérêt de tous.

Ces moyens sont au nombre de six.

1.º Choisir un directeur bienveillant et capable.

2.º Faire rentrer le directoire dans ses fonctions.

3.º Choisir de bons ministres.

4.º Etablir leur responsabilité.

5.º Choisir de bons agens du directoire exécutif près des administrations et des tribunaux.

6.º Obliger ces agens, ainsi que les administrations et les tribunaux, à suivre la ligne tracée par la constitution.

CHAPITRE X.

D e la nomination d'un nouveau Directeur.

C'est d'abord un grand avantage pour la constitution, que la nomination d'un nouveau directeur, abstraction faite de la personne sur qui tombera cette nomination ; en effet, remarquez qu'elle place dans le directoire un homme au gré de la majorité actuelle ; ainsi quelle que pût être la malveillance de cette majorité, elle ne pourroit désormais s'exercer sur le directoire tout entier, attaquer les gouvernans en masse, se prévaloir encore de la défaveur de leur première nomination, ni enfin vouloir renverser le gouvernement, puisque ce seroit renverser son ouvrage. On ne remarque point assez la force de cette constitution; elle gagne quelque chose à chaque circonstance qui complette son exécution.

Mais voyons ce qui peut résulter d'une bonne nomination.

Au moment où nous écrivons, la liste des 10 candidats est déja formée, et dans ce jour même (7 prairial), la nomination doit être faite. Il est très-probable que c'est Barthélemy qui réunira le plus de suffrages, et il n'est pas douteux qu'il n'accepte.

Il faut en féliciter la République.

Etranger à tous les crimes commis sous prétexte de la servir, respecté des ennemis de la France alors même qu'il la servoit contre eux, il ne risque rien à la défendre, et n'a point d'intérêt à la livrer.

Il a, au contraire, intérêt à la maintenir, puisqu'il lui a rendu de longs services. Ces services sont un fonds qu'il a placé sur elle, et dont elle commence à lui payer les intérêts.

D'ailleurs il ne sera arrivé au directoire que par la force de son nom ; et de tous les candidats qui sont sur la liste, quoique tous aient du mérite, il est à peu-près le seul que sa célébrité en politique y ait porté. Son nom lié depuis deux ans aux idées de paix qui occupent tout le monde, a triomphé de cet esprit habilement jaloux qui, dans la réunion de Clichy a fait écarter tous les hommes *connus* par le talent de gouverner, pour y substituer ou des hommes étrangers à l'art de gouverner, ou des hommes de mérite, *peu connus*, sur lesquels ni l'opinion, ni les électeurs ne pouvoient se réunir. Cet avantage n'est pas seulement un honneur pour Barthélemy, c'est aussi une sûreté pour nous ; plus fort que les partis , il saura probablement ne dépendre d'aucun *.

Enfin il a des connoissances et une considération personnelle infiniment précieuses pour la pacification générale , un esprit sage et conciliant, des mœurs pures et douces, aussi utiles au gouvernement de l'intérieur qu'à la pacification de l'extérieur.

Ajoutons encore que sa nomination non-seulement est un moyen de faire une paix solide , mais de plus une manière très-solemnelle d'en manifester l'intention à toute l'Europe.

La nomination de Barthelemy est une véritable déclaration de paix faite aux derniers ennemis de la France ; c'est plus, c'est une sommation de la recevoir.

---

* Nous nous réservons de présenter incessamment quelques réflexions sur le *travail* qui a eu lieu, pour les dernières élections de la république , dans les assemblées primaires , électorales et législative. Il nous paroît que notre système électif *tel qu'il est*, n'est guère moins propre à altérer la morale publique, que ne l'étoit le système de l'hérédité ou de la vénalité. Il nous semble que pour toutes nos élections, les votans sont, long-temps à l'avance, partagés entre ces deux occupations qui entraînent toutes deux à d'égales infamies ; celle d'écarter et celle de parvenir Si l'on ne vient pas au système des élections graduelles, proposé par Mirabeau et indiqué par Rousseau, chaque élection sera un échec pour la morale et une crise pour la politique.

CHAPITRE XI.

FAIRE rentrer le Directoire dans ses fonctions.

C'EST un principe de la constitution, qu'il doit y avoir au directoire *unité* de volonté malgré la pluralité des personnes sur lesquelles le pouvoir repose. Cependant il est de fait, et il est notoire que nos cinq directeurs au lieu de faire un directoire, n'ont fait jusqu'à présent que cinq directions ; qu'ils se sont partagé les affaires ; qu'ils ont gouverné chacun une partie ; que chacun a eu un travail séparé avec un ministre ; que chacun a d'immenses bureaux ; que chacun fait les nominations aux places de son département : de sorte que comme on l'a dit avec beaucoup de précision, « chacun des di-
» recteurs au lieu d'avoir sur chaque chose un
» cinquième d'autorité, a une autorité entière
» sur le cinquième des choses, et que chaque
» directeur est roi dans sa partie.

» Chacun d'eux, il est vrai, soumet sa vo-
» lonté à celle des quatre autres, et ces quatre
» autres sont ses *répondans* ; mais qui ne voit
» que chacun voulant rester maître chez lui,
» laisse les autres maîtres chez eux, et qu'ex-

» cepté le cas d'affaire ou de responsabilité ca-
» pitale, la discussion n'est que simple solem-
» nité. » *

De ce système, ont résulté deux grands maux.
Le premier est que les directeurs ont *administré*,
le second est que le directoire n'a pas *gouverné*.

Les directeurs administrant, l'administration
n'a plus eu de surveillans, et la nation a vu avec
effroi la corruptibilité qui comme les affaires
devroit s'arrêter aux ministres, monter avec les
affaires jusqu'au directoire.....

Le directoire ne gouvernant pas, parce que
les directeurs avoient trop à faire en administrant, il n'y a eu dans les directions partielles,
ni l'accord, ni la force qui auroient été nécessaires.

Le talent et le savoir d'un des directeurs
dans la partie militaire, a pu faire tolérer ce
partage pendant la guerre. La guerre finie, il
n'y a plus d'excuse.

L'entrée d'un nouveau directeur au gouverment
fera naturellement cesser ce partage, si la partie
de l'ex-directeur ne lui convient pas, ou s'il convient mieux à une autre. Si c'est Barthélemy qui

* Voyez dans le N.º I du journal d'Economie publique,
de Morale et de Politique, un morceau intitulé : *De l'Organisation constitutionnelle et de l'organisation actuelle du
Pouvoir exécutif de la République*, par Adrien Lezay. Ce
que nous venons de citer en est extrait.

est nommé, il est présumable qu'aucun de ses collègues ne prétendra gouverner la diplomatie en
chef; et il est présumable que ne voulant pas, lui,
condamner celui qui l'a gouvernée jusqu'à présent, au chagrin de la voir gouverner par un
autre, on dira : « Remettons cette partie, et par
conséquent toutes les autres parties, en commun. Plus de gouvernement individuel ; c'est
une royauté. Plus de bureaux de directeurs ;
ce sont des administrations. Il n'y a d'affaires
pour les directeurs, qu'en directoire, et les
bureaux du directoire sont la secrétairerie générale. » Tel doit être l'effet du renouvellement, et
nous aimons à voir que la constitution elle-même
apporte chaque jour le remède aux erreurs
qui ont pu s'introduire dans ses premiers essais.

Remarquons, en quittant ce sujet, que le
directoire rentrant dans ses fonctions, rendra à
celles du secrétaire général, toute l'importance
et toute l'utilité qu'elles doivent avoir. Celui-ci
doit être le répertoire vivant de toutes les lois,
de tous les arrêtés, de toutes les traditions.
C'est lui qui doit être le lien de cette unité
si nécessaire à la pentarchie, et préserver ce
gouvernement des grands inconvéniens de la
division du pouvoir exécutif suprême. Jusqu'à
présent le public n'a pas senti, et peut-être le
gouvernement a trop senti l'importance constitutionnelle de cette place.....

CHAPITRE XII.

NOMINATION du Ministère.

APRÈS la nomination d'un bon directeur, ce qui importe le plus, c'est la réformation du ministère; ce qui importe le plus dans la réformation du ministère, c'est le renvoi du ministre de la justice, seul auteur de la principale faute du directoire.

Du reste, le directoire a une marche simple et sûre à suivre; c'est de se concerter avec la majorité des deux conseils, au moins avec celle du conseil des anciens, pour le renvoi, la conservation et le remplacement des ministres. Il n'y a rien de plus désirable pour la constitution, que ce qu'on appelle en Angleterre un *ministère consolidé*, c'est-à-dire avoué du pouvoir législatif, et institué par le pouvoir exécutif. C'est en grande partie dans cet arrangement in-officiel, que consiste le secret d'entretenir l'accord *des vouloirs* dans la séparation *des pouvoirs*.

CHAPITRE XIII.

DE la Responsabilité des Ministres.

CE n'est pas assez que les ministres soient bien choisis ; il faut encore qu'ils soient responsables.

C'est une étrange législation que la nôtre, sur la responsabilité des ministres !

Les directeurs sont presqu'inviolables, car suivant l'article 115, ils ne sont accusables, comme magistrats, que *pour faits de trahison, de dilapidation*, (c'est-à-dire, sans doute, pour pillage du trésor public, car ils n'ont point de maniement) *de manœuvres pour renverser la constitution, et d'attentat contre la sûreté intérieure de la république* ; c'est-à-dire qu'ils ne sont accusables que pour des crimes qu'ils n'auront jamais intérêt de commettre, ou qu'ils sauroient toujours commettre impunément. Cette inviolabilité est une très-bonne institution ; elle est nécessaire pour la stabilité du gouvernement. Mais elle auroit de grands inconvéniens, si les ministres n'étoient responsables, non-seulement pour leurs fautes, mais aussi pour les contraventions du directoire dont ils se seroient rendus les agens. Or c'est ce à quoi a pourvu l'article 152 de la constitution. En voici les termes : *Les ministres sont respectivement responsables , tant de l'inexécution des lois que de l'inexécution des arrêtés du directoire.* Quelques personnes ont élevé une question sur le sens de cet article : on a demandé ce que le ministre devoit faire, et de quoi il devoit répondre si les arrêtés du directoire se trouvoient contraires aux lois ? Il n'y a pas deux réponses à cette question. Le ministre doit procurer avant tout l'exécution des lois ; il n'est engagé aux arrêtés du directoire, comme les commissaires de la trésorerie, que quand ces arrêtés sont conformes aux lois ; il y a plus, par son engagement avec la loi, il est engagé contre les arrêtés qui y sont contraires, et il est responsable en ce cas, non pour leur inexécution, mais pour leur exécution. C'est là l'obligation des ministres anglais. C'étoit celle des ministres de la constitution royale de 1791.

Les ministres étant donc responsables pour l'inexécution des lois, il n'y a que de l'avantage sans inconvénient à l'inviolabilité du directoire. Fait-il un arrêté coupable ? Malheur au ministre qui l'exécute ; la loi exerce sur lui sa vengeance.

Tout est donc bien suivant la constitution.

Mais qu'a décidé la loi du 10 vendémiaire de l'an IV, concernant l'organisation du ministère ? En voici l'article XII : *Aucun ministre en fonc-*

tions ou hors de fonctions, ne peut, pour faits de son administration être traduit en justice, en matière criminelle ; que sur la dénonciation du directoire exécutif.

Ainsi, suivant la loi du 4 vendémiaire, il suffit à un ministre ou d'être autorisé par un arrêté du directoire, ou d'avoir la protection de trois de ses membres, pour commettre impunément tel attentat qu'il juge à propos ! Et il n'y a de recours pour personne contre lui, ni de censure possible de la part du corps législatif, dans les cas même qui sont spécialement confiés à sa surveillance, tels que les faits de finance, etc. !

Ainsi, par une autre conséquence, le directoire ne répondant à personne de ses abus de pouvoir, et ses ministres ne répondant qu'à lui, il lui suffit pour faire tout ce qu'il lui plaît, de le commander à un ministre !

N'est-il pas bien absurde, bien odieusement absurde que le directoire ayant été déchargé de toute responsabilité par la constitution, parce qu'on a trouvé bon de la faire porter sur les ministres, on n'impose ensuite de responsabilité aux ministres que devant le directoire ; de sorte que le sort de l'état et celui des citoyens dépende de ses caprices ?

Espérons, demandons, pressons la réforme de cette monstruosité *.

* Voyez la Note n.º 2 , à la fin de l'Ouvrage.

CHAPITRE XIV.

DES *Agens inférieurs du Directoire.*

Nous ne dirons qu'un mot du choix des agens inférieurs du pouvoir exécutif, c'est-à-dire de ses commissaires près des tribunaux et des administrations ; il paroît qu'il a révoqué tous les mauvais sujets qui avoient surpris sa confiance dans les premiers momens de son existence. La difficulté est, dit-on, de les remplacer par des républicains fermes. Nous osons croire qu'elle n'est pas grande, si c'est vraiment des républicains fermes qu'on demande, et non pas des républicains fanatiques et violens. Pour avoir des magistrats d'un caractère convenable à leurs fonctions, il suffit de les prendre entre les hommes qu'aucun crime ne lie au système révolutionnaire, et que des actes de civisme, ou un intérêt personnel, tel que l'acquisition d'un domaine national, attachent à la constitution. Un ministre éclairé saura toujours, par sa correspondance, tenir de tels hommes attentifs aux intérêts de la république.

CHAPITRE XV.

DE *la Police des Administrations.*

LA police des administrations peut avoir en ce moment des difficultés réelles, et son importance est extrême. Mais si les agens nationaux sont tout à la fois républicains et revêtus d'une certaine considération personnelle, s'ils surveillent, et sont surveillés eux-mêmes par le ministre, les administrations ne s'écarteront pas de leur devoir. Au reste, si elles s'en écartoient, le gouvernement devroit les ramener par une censure sévère ou les punir par la plus prompte destitution.

Ces moyens réussiront indubitablement, s'ils sont employés avec solemnité, si le directoire publie ses motifs, si ces motifs se rapportent bien clairement, bien sensiblement à l'intérêt général, si sur-tout il prend le ton convenable à une autorité bien assise qui fait respecter la volonté publique, au lieu de s'énoncer toujours en dépositaire inquiet et défiant d'un pouvoir qu'elle désavoue. L'intérêt public sollicite pour le maintien du gouvernement : voilà une vérité avec laquelle des gouvernans éclairés

peuvent braver tout ce qui tendroit à le renverser. Quand ceux qui ont la force de leur
côté, ont aussi pour eux la raison de tout le
monde, il faut qu'ils soient bien ennemis d'eux-
mêmes ou bien mal-habiles pour succomber.

CHAPITRE XVI.

CONCLUSION des sept Chapitres précédens.

Nous osons le dire avec assurance : faites des lois justes, ayez des hommes pour les faire exécuter, ayez la paix pour que les choses se prêtent aux dispositions des lois et de leurs agens ; et bientôt tous les intérêts seront à couvert ; bientôt les capitaux afflueront en France, et les contributions au trésor public ; bientôt les rentiers seront payés, les grands chemins raccommodés et gardés ; le commerce et les manufactures rétablies ; bientôt enfin le travail, ce grand instituteur des bonnes mœurs, ce grand ministre de la police publique, ce grand nourricier de toutes les sociétés humaines, sera ranimé et rétabli dans toute sa puissance.

CHAPITRE XVII.

MOYENS de concilier l'Opinion publique à la Constitution.

IL sera facile de concilier l'opinion publique à la constitution républicaine, dès qu'on lui aura concilié tous les intérêts de quelqu'importance.

Alors beaucoup de moyens pourront concourir à les unir ensemble. Voici l'indication de quelques-uns.

1.º La publicité fréquente des motifs de conduite du gouvernement.

2.º Les discours des députés amis de la république.

3.º Le zèle et le talent de la grande majorité des journalistes.

4.º L'autorité de nos meilleurs écrivains; peut-être aussi celle des meilleurs orateurs de la chaire.

5.º La force de quelques réunions républicaines.

CHAPITRE XVIII.

De la publicité des motifs du Gouvernement.

Du moment que le directoire saura dans sa conscience, qu'il s'est exactement conformé à l'intérêt public, il sera tout naturellement disposé à montrer dans ses préambules d'arrêtés, dans ses discours, dans ses proclamations, cette confiance en la justice publique qui aide si puissament à la bien disposer pour soi ; d'ailleurs si l'opinion s'établit d'ordinaire sur le sentiment d'un certain nombre d'hommes, elle s'étend aussi par communication ; et rien n'est plus propre à favoriser son expansion, que la proclamation fréquente et solemnelle de son existence et de son vœu. Le grand nombre, pense tout ce qu'ON pense ; quoique cet *on* mystérieux, comme l'a dit je crois A. Morellet, ne soit quelquefois qu'*un* individu, et que souvent encore cet individu ne soit qu'*un* sot.

Comme il est indubitable que le directoire, et ses défenseurs officieux, ont fait beaucoup de royalistes en répétant chaque jour, qu'*on* étoit royaliste en France, il est indubitable aussi, que quand il aura donné satisfaction à

tous les intérêts compatibles avec l'intérêt public, il lui suffira pour tout soumettre à la république de répéter qu'*on* prétend y vivre en
paix, et y voir tout en ordre, qu'*on* y applau-
dit à la répression des brouillons et au châti-
timent des factieux.

———————

CHAPITRE XIX.

DES Discours des Orateurs des deux Conseils.

LES discours que feront entendre du haut de la tribune nationale, les Portalis, les Tronçon-Ducoudray, les Barbé-Marbois, les Muraire, les Dumolard, les Thibeaudau ne seront jamais contraires à ceux du directoire, quand ceux-ci seront équitables; et ils auront plus de poids en faveur de la république, étant prononcés par des hommes moins personnellement intéressés à son maintien, et qui sont d'ailleurs les organes légaux de la volonté générale.

Calculez l'effet que ces hommes doivent produire par ceux qu'ils ont déja produits! C'est par les paroles qu'ils ont prononcées depuis la paix, à la tribune, que l'opinion publique s'est rassise; c'est sur eux que se reposent en ce moment tous les amis de la république.

Citoyens éclairés, sincères, courageux, recevez ici l'hommage de notre reconnoissance.

CHAPITRE XX.

DES Journalistes.

LA très-grande majorité des journalistes est
constitutionnelle, et la majorité des feuilles
constitutionnelles est encore plus grande que
celle des journalistes qui les font. Il n'est pas
inutile de relever ici un mécompte qui se glisse
dans presque tous les calculs qu'on fait sur l'influence des journaux. On compte ordinaire-
ment les forces de chaque parti par le nombre
des journalistes qui le servent : il ne faut évidemment compter que le nombre des feuilles qu'ils
publient, ou ce qui revient au même, le nombre
des citoyens qui les lisent. Qu'il y ait, par
exemple, 4 journaux royalistes et 4 jacobins, ce
n'est pas une raison pour que leurs forces soient
égales ; les jacobins peuvent n'avoir que mille
abonnés, et les royalistes en avoir dix mille.
Comptant donc par feuilles, voici comment
nous pouvons présenter l'état des forces respec-
tives. Il y a, dit-on, 80 mille feuilles, qui
courent chaque jour Paris et la France. Sur
ce nombre 10 mille sont royalistes ; 2 mille sont
du parti jacobin ; 18 ou 20 mille sont nulles ;

5o mille sont constitutionnelles. Ajoutez que ce sont celles-ci qui ont le plus de cours dans les campagnes, et qu'un tiers des feuilles royalistes est absorbé dans Paris où elles ont moins de danger qu'ailleurs. Il n'y a donc qu'à encourager les journalistes. Il est tout simple, il est nécessaire que la majorité, parmi eux, soit républicaine. La république plaît à tous les hommes qui cultivent leur esprit ; et sur-tout à ceux qui l'essayent; elle plaît à quiconque se sent du talent et l'amour de la gloire ; et les lettres n'ont-elles pas toujours formé une république ?

CHAPITRE XXI.

DES Ecrivains.

QU'AU service des journalistes, se joigne l'activité de nos meilleurs écrivains. La république a pour elle les talens les plus distingués. Quel écrivain dans le parti royaliste, fera de plus jolis vaudevilles que Piis et Barré, une plus sanglante épigramme que Ferlus, un plus joli conte qu'Andrieux, de plus beaux vers lyriques que Lebrun? Qui écrira mieux que Lacretelle l'aîné et Guiraudet en morale, qu'Adrien Lezay en politique, que Montesquiou en finances?

S'il est dans la constitution quelques défauts à corriger, et dont les royalistes tirent un prétexte pour attaquer la république, c'est une politique très-mauvaise que de rejetter leur critique avec les conséquences qu'ils en tirent. Il faut au contraire l'avouer; même s'en emparer, et même leur en ravir l'honneur ; mais renvoyer la question à l'autorité compétente pour en décider, c'est-à-dire à une assemblée de révision. C'est aux amis de la république, c'est aux écrivains tels que les derniers de ceux dont nous avons parlé, qu'il convient de proposer tous les amendemens utiles à la constitution. Il importe même qu'ils préviennent leurs adversaires.

CHAPITRE XXII.

DES Orateurs de la Chaire.

NE dépendroit-il pas d'un gouvernement habile d'engager au nom de la paix publique, de l'intérêt commun, de la religion même, quelques prédicateurs considérés, et hommes de talent, à servir en chaire les intérêts de la république en même-temps que ceux de la religion ? Refuseroient-ils à la patrie leur honorable ministère, s'il leur étoit franchement demandé ? Tant de généreux prélats prêchèrent aux rois l'amour des peuples, aux peuples l'amour des rois; ne se trouveroit-il plus de voix religieuses dignes de s'élever pour la république vers le gouvernement, pour le gouvernement vers les citoyens ?

Au reste, il y avoit aussi tant de prédicateurs vénaux dans l'ancien régime ; à défaut d'autres, n'y en auroit-il point pour le gouvernement républicain ?

CHAPITRE XXIII.

DES Associations particulières.

Sı tous ces moyens de ramener l'opinion à la république bien gouvernée, sont encore fortifiés par l'association, l'étroite alliance de quelques principaux députés, des écrivains, des journalistes, de plusieurs citoyens sages et instruits, qui s'éclairent, s'échauffent mutuellement et se concertent, de manière que tous leurs travaux, pressés par une louable émulation, se répondent, et se soutiennent, nous osons le dire, il ne sera plus possible à l'opinion ni de rester éloignée ni de s'écarter à la suite de la ligne qu'ils auront tracée.

CHAPITRE XXIV.

MOYENS de concilier les Mœurs à la Constitution.

APRÈS avoir attaché les citoyens à la république par leurs intérêts et par l'opinion publique, il faut encore, avons nous dit, les y attacher par les mœurs et par la mode.

Nos mœurs actuelles ne sont ni aussi royalistes qu'on le dit, ni aussi républicaines qui le faudroit.

Mais on ne peut espérer leur complette réformation que du temps et de l'effet toujours lent de nos nouvelles lois politiques, ainsi que des lois civiles que nous attendons encore.

Mais il est une vérité qu'il ne faut pas différer de reconnoître, c'est qu'il existe aujourd'hui en France une grande corporation bien plus ennemie que le sacerdoce et le patriciat de la liberté républicaine, et bien plus nombreuse et plus active. Cette corporation, c'est ce redoutable assemblage de femmes riches, jeunes et désœuvrées, qui remplissent nos grandes cités. Tourmentées d'un incurable ennui, elles ont besoin pour le tromper, de jouets et d'esclaves. Elles sont par cette raison ennemies nées d'une constitution qui demande ou plutôt qui donne aux hommes un caractère indépendant et fort, un esprit élevé, une ame passionnée pour la patrie. Esprit, graces, beauté, elles employent tous leurs avantages à éloigner de la patrie, comme d'une rivale redoutable, toute cette jeunesse qui devroit être son espérance ; et dans l'incertitude actuelle de leur puissance, elles redemandent, comme par instinct, ces titres, ces rangs, où il suffisoit à l'une d'entre elles de soumettre le chef de l'état, pour que leur sexe tout entier fût le maître du nôtre.

Je ne cesserai de le répéter. La réforme des mœurs des hommes doit commencer par l'établissement d'une police sévère sur les femmes. Une loi civile que j'ai déja indiquée, et que Montesquieu recommande comme éminemment républicaine, une loi qui aboliroit l'usage de les doter, suffiroit, avec l'établissement du divorce bien réglé, pour régler leurs mœurs ; j'ai déja tant de fois développé cette idée que je me contente de la rappeler ici *.

Mais en condamnant les femmes à la modestie, il faudroit montrer le prix que la république met à leur vertu. Il n'y auroit peut-

---

* Voyez le Numéro XVII, p. 350 et suivantes.

être rien de plus utile à faire aujourd'hui pour les mœurs, de plus propre à réprimer la licence des femmes, à remettre en honneur les devoirs domestiques, que de décerner des honneurs publics à cette femme sans égale qui, sortie des cachots, où le nom de son mari l'avoit fait plonger pendant 17 mois, ne recouvre sa liberté que pour aller s'ensevelir deux ans avec lui dans les cachots où il attendoit la mort, et refuse de revoir la lumière, même pour sauver sa propre vie, si elle ne lui est accordée que pour la passer loin de lui !

CHAPITRE XXV.

MOYENS de concilier la Mode à la République.

ABOLIR les dots des femmes, c'est abolir les modes; non-seulement les modes de parure, mais celles de manières, d'opinions, d'habitudes: car toutes se tiennent, toutes viennent de l'empire qu'ajoute l'éclat de la richesse aux charmes de la beauté, et du poids que l'élégance ou la magnificence, donnent aux caprices les plus vains. Détruire l'empire de la mode pour augmenter celui des mœurs, est sans contredit un meilleur moyen de servir la république, que de demander, à la mode elle-même, un tribut pour elle. Mais ce dernier moyen peut être employé sans retard, et l'autre exige du temps.

C'est peut-être une erreur : mais il nous semble qu'un gouvernement habile, au lieu de laisser toutes les modes s'élever contre la république, pourroit bien, par quelques artifices très-innocens, faire passer la république dans toutes les modes et même faire une mode de quelque respect pour elle. Nous connoissons bien la répugnance qu'ont toujours montrée pour ses fêtes, pour ses spectacles, la partie de la nation qui est reconnue pour l'arbitre du bon ton.

Mais jusqu'ici les fêtes nationales ont été célé-
brées au milieu des souffrances publiques, et
nous supposons que maintenant les plus grands
maux ont cessé et que leur réparation commence. Aujourd'hui que la paix, la douce paix,
l'objet de tous les vœux et de toutes les espérances, est descendue sur la France, seroit-il
donc impossible de la célébrer par une fête à
laquelle s'uniroient toutes le ames ? Seroit-il
impossible de mettre à la mode la paix,
et par elle la victoire, et par la victoire la
gloire nationale, et enfin par cette gloire la république ? Et si des préventions opiniâtres éloignent
un certain monde de toutes les fêtes où le gouvernement se montre, que le gouvernement in-
troduise quelque chose de républicain dans des
fêtes où il ne se montre pas ; dans des fêtes
particulières où rien n'annonce son influence
et son pouvoir. Si le plaisir ne veut pas venir
là où il est demandé par la république, que la
république aille se faire sentir et se faire aimer
partout où il y a du plaisir. Il ne veut pas venir
au Champ de Mars : qu'elle aille le chercher au
bois de Boulogne, à Bagatelle, chez Carchi,
au risque d'y empoisonner du bruit d'un peu
de joie civique, les pures félicités du très-petit
nombre des véritables ennemis de la patrie.....

Laissons ce sujet. Ne découvrons pas aux gens
de mauvaise humeur le secret de les gagner.

CHAPITRE XXVI.

MOTIFS qui pressent les Législateurs et les Gouvernans d'employer les moyens nécessaires pour attacher les esprits à la république.

VOYEZ d'abord leurs dangers, dans le cas de sa ruine.

Si la république venoit à décliner par la faute du corps législatif, et qu'il y eût apparence de contre-révolution, est-il bien sûr que les armées restassent immobiles ? et si elles étoient dissoutes, est-il sûr que les amis de la liberté n'en reformeroient pas de nouvelles, et ne préféreroient pas une dictature restauratrice de la république, à une royauté vindicative ?

Et si la contre-révolution s'opéroit, tous les dépositaires du pouvoir actuel, même ceux qui auroient pactisé avec la nouvelle cour, seroient-ils bien en sûreté ? par cela seuls qu'ils auroient exercé des fonctions républicaines, ne seroient-ils pas tous suspects à la royauté, même coupables envers elle ? et par cela seul qu'ils auroient livré la république, ne seroient-ils pas

accusés de l'avoir livrée top tard , et lorsqu'elle
étoit déja corrompue par les habitudes de la
liberté ? et quel est le royaliste qui seroit sans
reproche et pourroit être sans peur , étant resté
en France quand les autres ont été à Coblentz ?
A-t-on oublié de quel œil les émigrés tardifs,
ont été vus par ceux de la première sortie et
avec quel acharnement on les a accusés de pa-
patriotisme , et peut-on douter que des français
restés sédentaires dans leurs foyers , ne soient
traités de jacobins ? tombe-t-il sous le sens sur-
tout que des membres de la convention , qui ont
au moins vu rendre des milliers de décrets de
mort , sans demander la mort pour eux-mêmes,
échapperoient à la qualification d'hommes de
sang? oui , si l'on prenoit en détail tous les députés , il seroit facile de montrer que tous ont des
titres de proscription. Boissy seroit proscrit pour
sa qualité de constituant et de jacobin de première date, pour sa qualité de conventionnel, pour
sa coopération à l'acte constitutionnel , pour son
rapport sur cet acte... et il ne seroit point lavé
par le fameux hommage qu'il a rendu à Orphée
Roberspierre en 1793 , hommage pourtant dont
il revenoit quelque chose à la royauté , puisqu'alors Roberspierre étoit roi et le faisoit bien
sentir. Pastoret seroit proscrit pour sa foible défense de la royauté en 1792. Marmontel seroit
proscrit pour son Bélisaire qui a tant contribué

a altérer la pure doctrine de l'intolérance et de la servilité.

Tel seroit le sort de l'assemblée législative toute entière, si elle souffroit la contre-révolution.

Quelle différence si elle travaille à affermir la république ! Ses membres jouiront paisiblement, honorablement du plus beau pouvoir dont puissent être revêtus des citoyens, et dans les circonstances les plus heureuses où ils puissent l'exercer. Placés justement entre une époque de désastres et de crimes, et les premières jouissances de la paix, toute la reconnoissance du bien qui restera et de celui qui viendra, sera pour eux. Toutes les anciennes réputations sont abaissées devant eux ; tous les travaux de leurs prédécesseurs, semblent n'avoir été faits que pour leur gloire ; ce sera eux qui auront fait oublier tous les maux qu'a produits la révolution, qui en auront fait goûter tous les avantages. Leurs prédécesseurs auront fait des promesses pendant six années ; eux-seuls les auront accomplies ; en un mot la république ne datera dans l'opinion que d'eux ; ils en seront les véritables fondateurs, les bienfaiteurs, les soutiens ! Peut-il être une destinée plus noble et plus heureuse !

CHAPITRE XXVII.

Des hommes qui pourront s'opposer à l'affermissement de la République.

A proprement parler, l'accomplissement des vues que nous avons énoncées pour l'affermissement et le perfectionnement de la république, ne nous paroît devoir rencontrer que des contrariétés et point d'opposition, des difficultés et point d'obstacle.

Ces contrariétés, ces difficultés naîtront dans le corps législatif; mais là même elles seront vaincues.

On va croire que nous prévoyons quelques tentatives de la part des montagnards. Non, le parti jacobin est vaincu. Il est vrai qu'il se renoue plus facilement, et qu'il est plus redoutable que tout autre parti, parce que la classe ignorante et misérable du peuple, qui est la plus nombreuse et la plus susceptible d'emportemens, est aussi la plus vîte rassemblée, puisque c'est elle qui inonde les rues, les marchés, les places publiques. Mais pour que le tocsin de la sédition l'excite et la détermine à marcher, il faut qu'il existe soit une détresse publique, telle

qu'un défaut absolu de subsistances, ou un défaut absolu de travail, soit des institutions dé-
magogiques, telles que des clubs. Or nous
sommes heureusement exempts de toutes ces
calamités ; et il nous paroît par cette raison,
tout aussi ridicule de crier aujourd'hui *aux jacobins*, qu'il l'étoit il y a un an de crier *aux
royalistes.*

C'est donc, va-t-on dire, une entreprise de
royalistes que vous appréhendez ? Une entreprise, non. Des tentatives, oui. D'abord nous
ne craignons rien des royalistes nouveaux venus,
pris séparément du reste du corps législatif : nous
n'en craignons rien parce qu'ils ne sont que huit
ou dix ; parce qu'ils n'ont point de nom et
point d'autorité ; parce que ce qu'on raconte
de leurs talens n'a rien d'effrayant ; enfin et
surtout parce qu'ils sont tout-à-fait inexpéri-
mentés dans l'art de se conduire au milieu d'une
grande assemblée, et par conséquent dans l'art
de la conduire, ayant été choisis, par une finesse
bien bête, entre des hommes qui n'ont jamais
rien été dans la révolution, et ne connoissent
ni l'esprit, ni les mœurs, ni le caractère des
assemblées publiques, ni les prétentions, ni
les moyens de ceux qui les gouvernent. Si
ces gens vouloient aller d'eux-mêmes en avant,
ils feroient cent mal-adresses et tomberoient
bientôt dans le ridicule, pour n'en plus sortir.

5

D'ailleurs, ils ont la vanité de croire qu'eux seuls depuis la révolution ont été véritablement élus par le peuple, que l'assemblée constituante elle-même ne fut composée qu'au gré de viles factions; ils ont la bonhomie de dire et d'imprimer ces choses là; d'où l'on peut conclure qu'ils craindront de compromettre indiscrètement une distinction si haute, si nouvelle, si peu partagée. Il seroit même possible qu'ils se sentissent bientôt attachés, par la possession, à la conservation d'un pouvoir qu'ils n'avoient pris que pour le détruire? La possession du pouvoir est si corruptrice! Eh! quand on se rappelle combien de députés sont devenus royalistes en 1791, qui avoient été députés en 1789 comme républicains, pourquoi n'espéreroit-on pas de voir devenir républicains en 1797, des hommes envoyés au corps législatif, comme royalistes?

Mais ces hommes, qui, je le répète, sont en très-petit nombre, peuvent être unis par quelques intrigues, par quelques circonstances fortuites, avec deux ou trois membres des précédentes assemblées, très-experts dans la tactique des grandes corporations, et qui circonvenus par les anciennes puissances de l'aristocratie, ont le malheur de perdre de vue au milieu des gens du monde, qu'ils prennent pour le monde entier, les droits, l'intérêt et le vœu du grand nombre des citoyens , ceux des armées ceux de la république , et qui trop frappés de la fermentation dont sont travaillés quelques gens désœuvrés , ne voyent pas la lassitude de tout le peuple , sa défiance et son horreur pour tout projet de changement. Ces hommes ont rêvé que la contre-révolution , faite *dans tous les esprits* , étoit inévitable dans le système politique ; et revêtant leur idée d'une image qui l'a fixée dans leur tête , ils se sont dit : que *les révolutions étoient soumises à cette grande loi de la nature qui , imprime aux liquides une force ascendante égale à leur force descendante , que la révolution française étant descendue de la royauté à la sans-culoterie , elle remonteroit de la sans-culoterie à la royauté.*

Il est possible que la peur gagne des hommes préoccupés des ces idées, qu'ils se croyent autorisés à songer à leur salut particulier dans le renversement général , qu'ils se résolvent à n'apporter aucune résistance a des desseins dont ils regardent le succès comme infaillible, enfin qu'ils s'allient avec les royalistes, se réservant seulement de profiter des chances, qui dans le moment décisif, pourront s'offrir encore pour la république. En conséquence, voyons le pacte qui pourroit se faire entre eux.

CHAPITRE XXVIII.

Du Pacte que les Royalistes et les Constitutionnels inquiets pourroient faire entr'eux.

Voici d'abord les idées qui viendroient aux royalistes pour favoriser le retour de la royauté, 1.º renverser les directeurs, ce qui amèneroit une convocation d'assemblées primaires, lesquelles donneroient au corps législatif le pouvoir de modifier la constitution. 2.º Et, en attendant, rappeler les émigrés, non par une amnistie qui marqueroit la force de la république, mais par la corruption de la justice qui feroit la force des émigrés.

Deux moyens seroient balancés pour le renversement des directeurs : ou l'on tâcheroit de les mettre en accusation, ou l'on établiroit que leur nomination est illégale.

On établiroit l'illégalité prétendue de leur nomination, ou sur le vice des listes de candidats formées pour leur élection, listes dans lesquelles on dit qu'il y avoit des noms qui n'appartenoient à personne, ou sur l'illégalité de la prorogation des conventionnels, les lois des 5 et 13 fructidor de l'an 4 n'ayant pas eu la majorité nationale.

Les constitutionnels inquiets consentiroient à l'expulsion des directeurs; mais ils se diroient. « Cette expulsion est peut-être un moyen de sauver la république, et de nous mettre en sûreté nous même; car il se peut que l'opinion s'attache au gouvernement par l'espérance de meilleurs gouvernans, et il est probable qu'ayant aidé à l'expulsion de ceux qui existent, nous aurions le pouvoir de les remplacer par des gens de notre parti. »

En conséquence, les arrangemens pourroient se faire de la manière suivante :

Les constitutionnels diroient aux autres : Travaillons d'un commun accord pour renverser les gouvernans; nous renverserons ensuite sans difficulté le gouvernement. Et leur réserve mentale, seroit : si après avoir renversé les gouvernans, nous pouvons mettre nos amis à leur place, nous nous déclarerons républicains et nous ferons face à ceux avec qui nous aurons marché.

Les seconds diroient aux premiers: Renversons ensemble les gouvernans, ensuite le gouvernement, et créons-en un autre dont vous prendrez les rênes sous un titre convenu. Et leur réserve mentale, seroit : quand nous aurons un roi, nous saurons bien faire justice de vos lâchetés avant et pendant la république.

CHAPITRE XXIX.

DANGER de ce Pacte pour les Contractans.

CE pacte formé, voici ce que nous dirions aux contractans :

« Royalistes, arrêtez : mettez-vous sur vos gardes. Nous vous parlons en adversaires généreux. Mieux vaut ne pas vous avancer, que de vous avancer avec des guides douteux. Ces hommes auxquels vous vous livrez ont long-temps marqué parmi les patriotes. Où est leur caution ? Il ne suffit pas pour détourner de soi vos vengeances, de vouloir vous servir ; pourquoi donc seroit-ce asssez pour assoupir vos défiances ? Ce n'est pas assez pour appaiser votre haine, pourquoi seroit-ce assez pour que vous vous relâchassiez de toutes vos précautions ?

» Et vous, amis foibles de la république, qui désespérez si facilement de son salut, et tenez si peu à sa conservation, voyez aussi les dangers où vous vous jettez. Vous croyez marcher en généraux devant des troupes confiantes et disposées à l'obéissance ; vous n'êtes à leurs yeux que des guides nécessaires pour passer un défilé, et qui serez exterminés dès qu'une fois on sera en raze campagne. Encore un pas, et les mépris des amis de la liberté, vous ferment le retour, et vous tombez honteuses victimes de haines que vous n'aurez su ni contenir ni appaiser, et qu'au contraire vous aurez justifiées par votre désaveu et irritées par la concurrence où l'on supposera que vous voulez entrer pour les grandes places que rétablira la contre-révolution. Insensés ! vous croyez diriger, modérer, gouverner cette contre-révolution ! Ah ! croyez que plus forte mille fois qu'aucune puissance individuelle, elle auroit à peine éclaté qu'aussitôt elle vous atteindroit, vous entraîneroit, vous envelopperoit, vous rouleroit dans la lave dévorante, qui couvriroit en un moment la république entière.

,, En politique la *force ascendante* n'est nullement en proportion avec *la force descendante*. Si au lieu de prendre vos exemples dans la physique des corps inanimés, vous les aviez cherchés dans l'histoire, qui est la physique des corps politiques, vous auriez vu que la constitution actuelle d'Angleterre n'a pas remonté la royauté au point d'où celle-ci est descendue avec Charles I.er ; que la Hollande n'a pas rendu à la maison d'Orange ce qu'elle a ôté à la cour d'Espagne ; que la Suisse, les Etats-Unis de l'Amérique, n'ont pas repris la subjection monarchique, après s'être déclarés indépendants, l'une, de l'empereur, l'autre du roi d'Angleterre ; que les Grecs n'ont vu périr leur liberté que sous les coups des Romains libres ; et que si les Romains après avoir chassé Tarquin, ont vu parmi eux un Catilina, ils ont été cinq cents ans sans avoir un Octave. C'est manifestement le sort des pouvoirs absolus de perdre toujours quelque chose par leur ébranlement, et de ne jamais se relever dans des temps de lumières.

» Chassez-donc les sinistres images qui vous assiégent, et relevez-vous de vos vaines frayeurs. Reprenez un courage nécessaire à votre probité et à votre conscience, autant qu'à votre sécurité et à votre honneur. »

CHAPITRE XXX.

C E qui déconcerteroit leurs menées.

C E discours ne suffisant pas, nous ajouterions :
« Si vos dispositions mutuelles ne vous ef-
frayent point et ne vous empêchent pas de
vous unir par d'odieux complots, regardez le
parti que vous aurez à combattre. Si vous ne vous
craignez pas, craignez nous. Nous vous le déclarons au nom du repos si nécessaire après
tant de secousses ; au nom de l'espérance si
douce après tant de regrets ; de la gloire nationale si encourageante après tant d'humilia-
tions; de la liberté publique par nous acquise
à si haut prix ; nous vous le déclarons au nom
de la patrie, au nom de l'humanité toute entière :
Nous sommes une grande masse d'hommes
dévoués à la république, et qui de concert
avec la grande majorité des deux conseils,
avons résolu de la défendre et contre ceux qui
voudroient la détruire, et contre ceux qui ose-
seroient la souiller. Parmi nous plusieurs sont
forts de raison, de talent, d'expérience, de
courage, de considération peut-être et de confiance publique ; aucun de ces avantages ne

sera épargné contre vous. A chaque pas , il se présentera devant vous des hommes que vous ne croyiez pas avoir jamais à combattre , et qui s'étoient mis en réserve pour ce moment décisif. Non; vous ne détruirez pas par vos paroles cette république que quatorze armées ont cimentées de leur sang. Non, les orateurs ne seront pas plus puissans pour détruire, que tant de héros pour conserver. Non, cette république si respectée au-dehors , ne sera pas ainsi le jouet de quelques intrigues au-dedans. Sachez-le : vous n'arrêterez pas un moment ses glorieuses destinées ; sachez-le : nous ne vous laisserons pas même la liberté de jetter sur elle des regards insolens, ni même de rester spectateurs oisifs des travaux nécessaires à sa gloire. Vous avez accepté des fonctions instituées par elle ; vous les remplirez. Nous avons des finances à rétablir, une instruction publique à organiser, une marine à recréer, des colonies à reformer, des manufactures à ranimer, un commerce à remonter, des rentiers à payer; non-seulement vous n'arrêterez pas, par des motions incendiaires ou astucieuses, le cours des travaux entrepris par vos collègues pour remplir ces importans objets , mais vous y aiderez. Vos collègues veulent, et nous voulons , que le marchand soit paisible dans sa boutique, l'artisan dans son atelier, l'agriculteur à sa charrue, le propriétaire dans sa maison ; nous voulons que nos enfans puissent enfin s'élever, nos femmes respirer, nos vieux parens achever tranquillement de vivre : et non-seulement nous empêcherons que le tocsin de la sédition et les clameurs de la guerre civile ne rappellent de nouveau toute la France aux armes, mais nous saurons encore faire rendre à la volonté de la paix qui est la volonté publique, des hommages de respect, si ce n'est d'affection. Et il ne nous faut pas de moyens bien extraordinaires pour parvenir à ce but ; le crédit d'où quelques-uns de vous ont tiré leur confiance, ce n'est pas à eux qu'ils le doivent, c'est à nous, c'est à quatre ou cinq journalistes qui ont trouvé juste d'honorer leurs intentions, et utile d'exagérer leurs talens ; du moment que vous aurez retiré à la chose publique votre zèle, ceux-ci n'ont qu'à retirer leur recommandation, et rien ne vous soutiendra plus contre le mécontentement général.

" Ils n'auront qu'à invoquer contre vous l'intérêt de la paix publique, et ils seront favorablement écoutés. Ils n'auront qu'à rétorquer contre vous tout ce que le royalisme n'a cessé de dire depuis deux ans contre les premiers amis de la révolution, et ils vous rendront odieux. Depuis deux ans vous faites un crime aux constituans d'avoir renversé une constitution qu'il ne falloit que corriger ; de quel droit donc prétendez-vous renverser aujourd'hui une constitution qu'il ne s'agit que de perfectionner? Vous remettez sans cesse sous les yeux de la nation le sang qui a coulé par l'imprudence de ses premiers représentans ; et vous qui êtes bien averti, vous voulez ramener des bouleversemens qui le feroient couler de nouveau! Vous les accablez sans cesse des funestes résultats d'une expérience qui n'avoit point encore été faite ; et vous qui l'avez vue, vous sur qui elle a été faite, vous osez entreprendre de la recommencer ! Vous jouez-vous donc du sang des hommes, et n'êtes-vous éclairés par le malheur que pour être plus cruels?

» N'allez pas vous écrier que nous demandons aux représentans du peuple, un coupable silence, ou même une odieuse déférence pour les fautes où le gouvernement pourra tomber. Certes, nous sommes loin, et nous l'avons bien prouvé, de confondre une opposition salutaire, courageuse, sincérement constitutionnelle, fut-elle même mal éclairée, avec une opposition incivique, hostile, éversive, destructive, homicide, paricide. Loin l'idée abjecte autant que pernicieuse, d'endormir par la flaterie un gouvernement naissant, au lieu de le soutenir et de l'éveiller par une sage censure ; mais loin aussi l'idée de frapper, quand il suffit d'un murmure pour se faire entendre, et de renverser, quand il suffit d'un souffle pour redresser. On reconnoît l'opposition constitutionnelle, à l'intérêt que marque pour la république, l'orateur ou l'écrivain qui critique les gouvernans, et à la crainte qu'il témoigne de voir les fautes des magistrats républicains tourner au profit des factieux royalistes. On reconnoît l'opposition royaliste, au soin d'adresser aux gouvernans, des reproches également applicables au gouvernement, au soin de ne point montrer d'intérêt pour la république, au soin de ne se commettre en rien avec ses ennemis, et sur-tout à l'affectation de parler leur langage, et de flatter leurs passions. Le simple citoyen peut sans crime être royaliste d'opinion : le *député* de la république, est un scélérat s'il n'est pas un républicain. Si sa conscience ne lui permet pas de prononcer nettement une opinon conforme à son engagement, elle lui ordonne de le rompre et de se retirer. Le simple citoyen n'est obligé qu'à obéir à la république, le député est obligé de la servir. »

CHAPITRE XXXI.

DERNIÈRES Observations et Conclusion.

LE peuple français veut sa constitution. Il l'a librement acceptée. Les salons la décrient, mais les armées la défendent, les magistrats la servent.

Fût-elle mauvaise, elle le seroit moins que l'ancienne monarchie.

Fût-elle aussi mauvaise, même pire, il faudroit encore la garder, pour éviter une nouvelle effusion de sang.

Mais elle est bonne au fonds, et chaque jour découvre en elle un nouvel avantage. Elle est protectrice de la liberté et de la propriété ; son gouvernement est fort.

Ses imperfections sont très-faciles à réparer, ses omissions très-faciles à suppléer.

Enfin les intérêts de la très-grande majorité des français sont liés à sa conservation. Tout ce qui possède en France un champ domanial, tout ce qui possède un emploi civil ou militaire, tout ce qui possède un fonds rédimé de dixme, ou de redevance féodale, tout ce qui a porté un uniforme national en 1789, appartient à la république par un intérêt pressant.

Peuple français, citoyens de tout état, de tout âge, de toute fortune, que voulez-vous, que demandez-vous, dont la république bien organisée ne puisse vous faire jouir ? Parlez, cent députés puissans, cent écrivains courageux sont prêts à élever la voix pour votre cause. Il n'est aucune plainte raisonnable qu'ils ne soient empressés de répéter ; aucune oppression dont ils ne veuillent vous relever; aucune spoliation dont ils ne veuillent vous indemniser.

Gardez-vous de croire sur-tout que la royauté vous tiendroit toutes les promesses que ses amis tâchent de faire circuler.

Elle voudroit être clémente, qu'elle ne le pourroit pas. Elle voudroit être populaire, qu'elle ne le pourroit pas. Elle voudroit être juste, qu'elle ne le pourroit pas.

Elle pardonneroit peut-être ses offenses ; mais il faudroit qu'elle se prêtât aux vengeances de ses affidés. Elle promettroit peut-être au laboureur la garantie de ses acquisitions; mais il faudroit bien refaire un domaine au monarque, en refaire un aux princes, en refaire un à l'église. Elle voudroit bien maintenir pour toutes les propriétés les affranchissemens ordonnés par l'assemblée constituante; mais il faudroit bien qu'elle cèdât à ces prêtres qui redemanderoient leur dîme, à ces seigneurs qui redemanderoient leurs droits féodaux. Elle voudroit bien peut-être conserver les magistrats, les administrateurs de la république, et même ces braves militaires qui ont étonné, et subjugué l'admiration de tous leurs ennemis ; mais il faudroit bien céder à ces anciens magistrats qui redemanderoient leurs offices, à ces anciens officiers qui redemanderoient leurs emplois.

Toute autorité qui naît ou renaît a besoin d'un parti, et ce parti, il faut le payer d'autant plus cher qu'il est plus nécessaire, et qu'il a fait plus de sacrifices. Les chefs de la démagogie n'ont donné la France à piller aux sans-culottes, que parce qu'une telle solde étoit nécessaire pour une telle armée, et qu'il leur falloit une telle armée pour leurs abominables desseins. Que pourroit répondre la royauté à ses défenseurs qui demanderoient, non pas un pillage, mais une restitution, non pas des droits de conquête, mais des propriétés? Est-ce seulement pour avoir un roi, qu'ils auront voulu la royauté? Ne l'auront ils rétablie que pour lui, nullement pour eux ? Et ce roi ayant à choisir entre leur appui et leur révolte, pourroit-il balancer!

Eloignez donc de funestes illusions. Et tenez vous attachés au parti qui vous offre le plus de sureté.

Ah ! sans doute ce directoire qui nous gouverne a été formé d'une manière peu favorable ; sans doute il a donné de vives allarmes aux amis de la justice, et est tombé dans des fautes graves; mais voyez aussi ce qu'il peut opposer à vos reproches :

Il a détruit les sociétés populaires, il a arrêté trois conspirations, il a fait succéder l'abondance la plus soutenue à la plus effrayante disette, il a supporté le passage des assignats à l'argent, il a pacifié la Vendée, il a acquis la Belgique, il a presque gagné la Hollande, il a fait vivre de grandes armées sur territoire ennemi, enfin il a donné la paix à l'Europe. Voilà l'ouvrage de seize mois; citez seize mois de la monarchie plus honorables à la royauté; et dites avec bonne foi si dans ce tableau du passé, il n'y à pas quelques motifs d'espérance pour l'avenir.

F I N.

6

NOTES.

N.º I. (Voyez page 28.)

Ce qui suit est moins une Note qu'un Appendice au Chapitre qui concerne les Emigrés. Nous osons même le regarder comme un véritable Traité de l'Emigration, et nous prenons la liberté de l'intituler ainsi.

TRAITÉ DE L'ÉMIGRATION.

INTRODUCTION.

Ce sujet est abondant. Mais nous ne croyons pas absurde de renfermer dans les bornes d'un article de journal, la matière d'un traité, vu qu'il y a beaucoup de traités sur toutes les matières, qui ne seroient pas un bon article de journal.

CHAPITRE I.

Des différentes sortes d'Emigration.

Il y a plusieurs sortes d'émigration. Il y a l'émigration forcée, et l'émigration volontaire ; l'une et l'autre est particulière ou de parti ; l'une et l'autre est hostile ou pacifique.

CHAP. II.

CARACTÈRE de l'Emigration forcée.

L'ÉMIGRATION est forcée dans deux cas : Le premier, lorsqu'il y a poursuite de la *justice* ou persécution du *gouvernement* contre des personnes, soit nominativement, soit à-raison de leur qualité politique. Elle est alors *contumace*. Le second, lorsque la persécution et la scélératesse sont, non pas dans quelque partie de l'état, mais partout l'état ; quand elles sont le fait, non de quelques individus, mais des lois et des magistrats ; quand elles sont, non accidentelles et très-passagères, mais organisées et permanentes.

CHAP. III.

SUITE du Précédent.

UN des signes auxquels on reconnoît que l'émigration a été forcée, c'est l'empressement du retour après que la *poursuite* ou la *persécution* a cessé.

CHAP. IV.

CARACTÈRE de l'Emigration volontaire.

L'ÉMIGRATION est volontaire, 1.º lorsque ni la *justice*, ni le *gouvernement*, c'est-à-dire, ni les lois, ni les actes arbitraires ne poursuivent le citoyen, soit nommément ou à raison d'une qualité innocente en soi, 2.º lorsqu'il y a dans l'état un point où l'on peut trouver un recours contre la scélératesse ou l'oppression.

CHAP. V.

SUITE du Chapitre précédent.

L'ÉMIGRATION forcée devient volontaire, quand l'émigré s'associe aux desseins des émigrés volontaires et demeure en retard de rentrer, le pouvant.

CHAP. VI.

CARACTÈRES de l'Emigration particulière et de l'Emigration de parti.

ELLE est individuelle lorsque chaque émigrant a une raison persónnelle propre à son individu, et de la nature de celles qui sont indiquées au Chapitre II. Elle est de parti lorsqu'aucune cause du même genre ne détermine celle d'une grande partie des émigrans.

CHAP. VII.

CARACTÈRES de l'Emigration hostile et de l'Emigration pacifique, tirées des circonstances de l'Emigration.

ELLE est hostile, 1.º quand elle se fait vers un peuple ennemi, 2.º lorsqu'elle se déclare ennemie elle-même. Elle est pacifique, lorsqu'elle n'entraîne aucune guerre, ou qu'en cas de guerre, l'émigrant se rend en pays neutre ou ami.

CHAP. VIII.

CARACTÈRES de l'émigration pacifique tirés des personnes émigrées.

LES septuagénaires, les infirmes, les femmes veuves, les femmes mariées, les enfans émigrans, ne sont point présumés ennemis. Mais il y a une différence entr'eux qui résulte de leur état de famille ; les septuagénaires, les infirmes, les veuves d'émigrés ne sont que des absens ou des expatriés. Les femmes mariées et les enfans suivent, par leur dépendance, le sort de leurs maris et de leurs parens : ce qui doit rendre les pères et les époux d'autant plus circonspects à quitter leur pays sans juste motif.

C H A P. IX.

S i|L'Émigration est un crime.

ÉMIGRER de quelque manière que ce soit, n'est point un crime. Émigrer, même en masse, même pour faire la guerre à son pays, n'est point un crime ; c'est se faire nation étrangère et se déclarer nation ennemie. Un citoyen peut faire la guerre civile et demeurer citoyen, être même bon citoyen, s'il la fait pour résister à l'oppression : mais il ne peut faire ou susciter la guerre étrangère, sans se faire étranger et ennemi.

C H A P. X.

S' i l faut des Lois pénales et des formes de procédures contre l'Emigration.

COMME ce n'est point un crime de quitter son pays, il ne doit point y avoir de loi pour constater comment on le quitte, point de loi pour constater qu'on la quitté, point de peine contre ceux qui l'ont quitté, point de lois civiles ou criminelles contre ceux qui y rentrent, point de tribunaux pour les juger. Il n'y a contre eux que le droit de la guerre, en temps de guerre, et le droit des gens, en temps de paix.

CHAP. XI.

DES moyens de connoître quels individus composent la nation belligérente des Emigrés.

LORSQU'UNE portion de la nation s'est séparée du tout, pour faire une nation particulière, et que cette nation a déclaré la guerre, la nation mère n'a qu'un moyen de constater quels individus font partie de la nation émigrée : c'est de faire l'appel de tous ses citoyens, et de former l'état de ceux qui manquent.

CHAP. XII.

DES moyens de constater qu'un individu arrêté sur le territoire national, est de cette nation ennemie.

IL ne peut y en avoir d'autre que de voir s'il est dans le registre des nationaux, ou s'il est sur celui des étrangers ennemis.

CHAP. XIII.

DES Biens des Emigrés.

LA nation prend en guerre les biens des émigrés, comme celui des autres ennemis. De même qu'en guerre avec l'Autriche, on prend la Belgique à l'empereur, de même en guerre avec la nation émigrée, on prend le palais Bourbon au prince Condé. Le droit de conquête vient du droit de la défense. Les biens des contumaces, c'est-à-dire, des hommes qui ont fui les *poursuites* des tribunaux où les *persécutions* du gouvernement, non plus que ceux des simples *absens* ou simples *expatriés*, ne peuvent être soumis au droit de conquête.

CHAP. XIV.

De la personne des Emigrés pris sur le champ de bataille.

COMME en guerre avec l'Autriche, on feroit prisonnier le prince Charles, de même on feroit prisonnier le prince de Condé. Et, comme en guerre, on ne peut tuer l'autrichien qu'on peut faire prisonnier, on ne doit pas tuer l'émigré qui ne se défend point.

CHAP. XV.

De la personne des Emigrés pris sur le territoire national.

COMME en guerre avec l'Autriche, on saisit l'officier autrichien qu'on trouve dans un camp français, ainsi en guerre avec les émigrés, on saisit l'émigré qu'on surprend en France; et ce que la guerre autorise à faire de l'un, elle autorise à le faire de l'autre.

CHAP. XVI.

Quelle est la question quand un Emigré est pris sur le territoire national.

COMME on ne demande pas d'un autrichien pris, en guerre, dans le camp français, s'il est espion de fait et d'intention, mais s'il est autrichien, de même lorsqu'un émigré, en guerre avec la nation mère, est pris sur le territoire de celle-ci, la question n'est pas de savoir s'il est coupable, mais ennemi.

CHAP. XVII.

De la paix ou de la guerre entre la nation mère et la nation Emigrée.

UNE nation est libre de faire la paix ou une éternelle guerre, à la nation sortie de son sein qui lui a déclaré une fois la guerre. Quand elle peut faire sans danger la paix , elle fait mal de continuer la guerre.

C H A P. X V I I I.

D E S B I E N S des émigrés après la paix.

U N E nation victorieuse peut à la paix rendre les biens conquis ou ·les garder, à son choix. Quand elle ne les a pas vendus , ou qu'elle a de quoi les racheter , sans en imposer le prix sur le peuple, elle fait bien de les rendre. Quand elle les a vendus et qu'elle en a dépensé le produit pour les frais de la guerre même qui en a autorisé la conquête , elle ne doit pas les faire racheter par le peuple pour les rendre ; autrement ce seroit mettre en principe que c'est à l'offensé vainqueur et non à l'aggresseur vaincu à supporter les frais de la guerre : de sorte que la mauvaise condition seroit celle du plus fort et du plus juste , et la bonne celle de l'injuste impuissant. Tout ce que peut faire l'état, s'il le veut, c'est d'autoriser l'émigré à les racheter au prix payé par le possesseur sans déduction pour détériorations , et à charge de rembouser les améliorations. C'est une grace qui ne peut être accordée qu'avec les précautions nécessaires pour éviter les procès.

C H A P. X I X.

D E S P R É C A U T I O N S à prendre pour conclure la paix.

Q U A N D une nation victorieuse juge à propos de faire cesser avec la nation émigrée, la guerre étrangère, elle doit éviter que celle-ci ne vienne dans son sein faire la guerre civile , ou exercer des vengeances au nom des lois. Elle doit faire grace , et non s'exposer à la nécessité de la demander un jour.

CHAP. XX.

SUITE du précédent.

La pire manière d'accorder à ses ennemis, leur grace, c'est de la faire prononcer comme une justice, dans les formes judiciaires, et par les tribunaux. Outre que c'est dénaturer les choses, c'est dire qu'on céde au droit ou à la force, quand au contraire on veut prouver sa force, en faisant grace. C'est inviter le parti des émigrés à soulever une opinion factice, qui après avoir ammené les tribunaux, par la corruption ou par la crainte, à l'indulgence, les conduise ensuite de l'indulgence à servir les ressentimens des vaincus pardonnés.

Voulez-vous les jouissances de la bonté avec la sûreté de la paix ; soyez puissant et généreux. Vainquez et pardonnez.

Voulez-vous la guerre civile, ou d'inexorables vengeances ? Dites au parti vaincu, vous aviez raison et nous étions des monstres.

CHAP. XXI.

CONCLUSION.

Si l'on peut montrer qu'un grand nombre d'émigrés malheureux et non malveillans, trouvent leur condamnation dans cette théorie, ou qu'un grand nombre d'émigrés ennemis furieux de leur pays, n'y trouvent pas le prix de leur fureur, la théorie ne vaut rien. Si c'est le contraire, elle est bonne.

N.º II. (Voyez page 42.)

Le motif de la loi du 10 vendémiaire de l'an **IV**, qui défend toute accusation des ministres autrement que sur la dénonciation du directoire, a été la crainte que les orateurs ne fissent trembler à tout propos, les ministres, et ne réduisissent le directoire à l'impossibilité d'en trouver ; ce qui est un moyen indirect de désorganiser le gouvernement : comme l'ont prouvé, et l'assemblée constituante, et la première assemblée législative. Mais, 1º. la constitution actuelle a obvié a l'inconvénient des accusations injustes et violentes, en établissant deux chambres, dont l'une est la modératrice de l'autre ; 2º. la faction organisée qui, sous le nom de *jacobins*, a gouverné le premier corps législatif, et même quelquefois l'assemblée constituante, n'existe plus ; 3º. y eut-il quelques inconvéniens à donner au corps législatif, la facilité d'acuser les ministres, ces inconvéniens ne pour-. roient entrer eu comparaison avec celui d'avoir un pouvoir exécutif sans responsabilité.

F I N.